Stéphanie Pluquin, Doudou Editions

Le Parapluie qui chante !

« loi n° 49-956 du 16 juillet 1949 sur les publications destinées à la jeunesse, modifiée par la loi n° 2011-525 du 17 mai 2011 » **Novembre 2017**

ISBN : 979-10-97-335-1-82

La plupart du temps,
Je suis dans le placard,
Fort heureusement,
Il n'y fait pas trop noir

Je suis bien entouré,
Bottes, chaussures et ciré,
Pantoufles, sac et corde à sauter,
Sur le tapis, je peux m'égoutter

Quand s'éveille la maisonnée,
Que chacun prend son petit-déjeuner,
Brioche, céréales et verre de lait,
Moi, j'attends qu'on ouvre les volets

Je tends l'oreille vers la fenêtre,
J'espère entendre une tempête,
Quand le vent siffle telle une trompette,
Je vais prendre la poudre d'escampette

Quand Sophie enfile ses bottes,
Je ne fais plus la marmotte,
Quand elle revêt son ciré,
C'est que nous allons promener

Nous prenons le chemin de l'école,
Nous passons prendre Carole,
Dans la voiture, chantent et font les folles,
Maman les dépose et repart en carriole

Diiiing, Doonnng ! La cloche retentit,
L'accueil des élèves est fini,
Il faut rentrer se mettre à l'abri,
Apprendre tes leçons, rejoindre nos amis

Je suis content de les retrouver,
Nous allons pouvoir papoter,
Pendus par les pieds pour nous égoutter,
Jusqu'à la récréation, allons patienter

Profiter du temps avec mes camarades,
Raconter des histoires, quelques boutades,
En un rien de temps, entendre Ding Dong,
La cloche sonne la récréation

Les portes des salles de classe s'ouvrent,
Dans le couloir, les enfants s'engouffrent,
Blousons, moufles et chapeaux,
Bientôt vide est le porte-manteau

Entre cris, contes et claquements de bulles,
vers la porte d'entrée,
les enfants déambulent,
chaque enfant récupère son parapluie,
son ami protecteur du mauvais temps,
de la pluie

La cour de l'école est comme un jardin,
Sophie y retrouve Carole, Zoé et Romain,
Ca sent bon la lavande et le jasmin,
Dans le ciel, les nuages forment des dessins

Quand la pluie se met à tomber,
les gouttes ruissèlent
sur leurs joues rosées,
Sophie attrape alors ma poignée,
en un cliquetis, me fait me déployer

A la première goutte d'eau sur moi,
je suis heureux et il est temps pour moi,
d'inventer une histoire : "il était une fois",
et de chanter de ma plus belle voix

"Moi, j'aime la pluie, car je suis de sortie,
Avecmon amie Sophie, on va voir ses amies,
Moi, j'aime le mauvais temps,
les branches craquent dans le vent,
et quand tombe la grêle,
Sophie me sert contre elle ..."

Je n'ai pas le temps de finir ma chanson,
la cloche sonne la fin de le récréation,
les enfants montent les marches du perron,
à l'heure de la cantine nous finirons

J'ai de nouveau la tête en bas,
je laisse venir les mots, les phrases,
les "la,la,la",
adjectifs, verbes et dictons,
une poésie, un conte, une chanson

Nous entendons les enfants réciter,
une leçon, avant d'écrire une dictée,
on entend les crayons glisser sur le papier,
et la maîtresse tente au mieux d'articuler

Dans le couloir,
seuls nos chuchotements résonnent,
nous échangeons nos idées,
nos mots pour qu'ils sonnent,
un paragraphe, un couplet puis un refrain,
en quelques phrases,
une chanson nait enfin

Les protecteurs de pluie que nous sommes,
n'en profitons pas pour faire un somme,
la tête en bas, nos idées fusionnent,
comme les gouttes de pluie sur les vitres sonnent

A l'heure de la cantine nous serons prêts,
avec nous meilleurs amis pour chanter,
quand les gouttes de pluie sur nous tomberont,
nous aurons la mélodie de notre chanson

Le son de leurs pieds dans les flaques,
donnent le rythme, comme une montre,
un Tic-Tac,
se tenant par la main
pour former une ronde,
ils chantent à tue tête, diffusent les ondes

Quand la sonnerie à nouveau retentit,
l'horloge affiche déjà midi,
il est temps de prendre son déjeuner,
et pour nous de prendre un repos mérité

Le repas englouti, il faut digérer,
sous la pluie, nous retournons chanter,
il faut profiter, aller s'amuser,
avant que la cloche ne sonne la rentrée

Le son de la cloche parvient à nos oreilles,
Hâte de retrouver doudou,
nous gagne le sommeil,
couvertures, coussins et matelas,
les petits se couchent, ils sont las

Pour nous aussi, la sieste est arrivée,
le temps d'un joli rêve pour nous sécher,
je songe à Sophie qui doit dormir profondément,
il me tarde de la retrouver, passer un bon moment

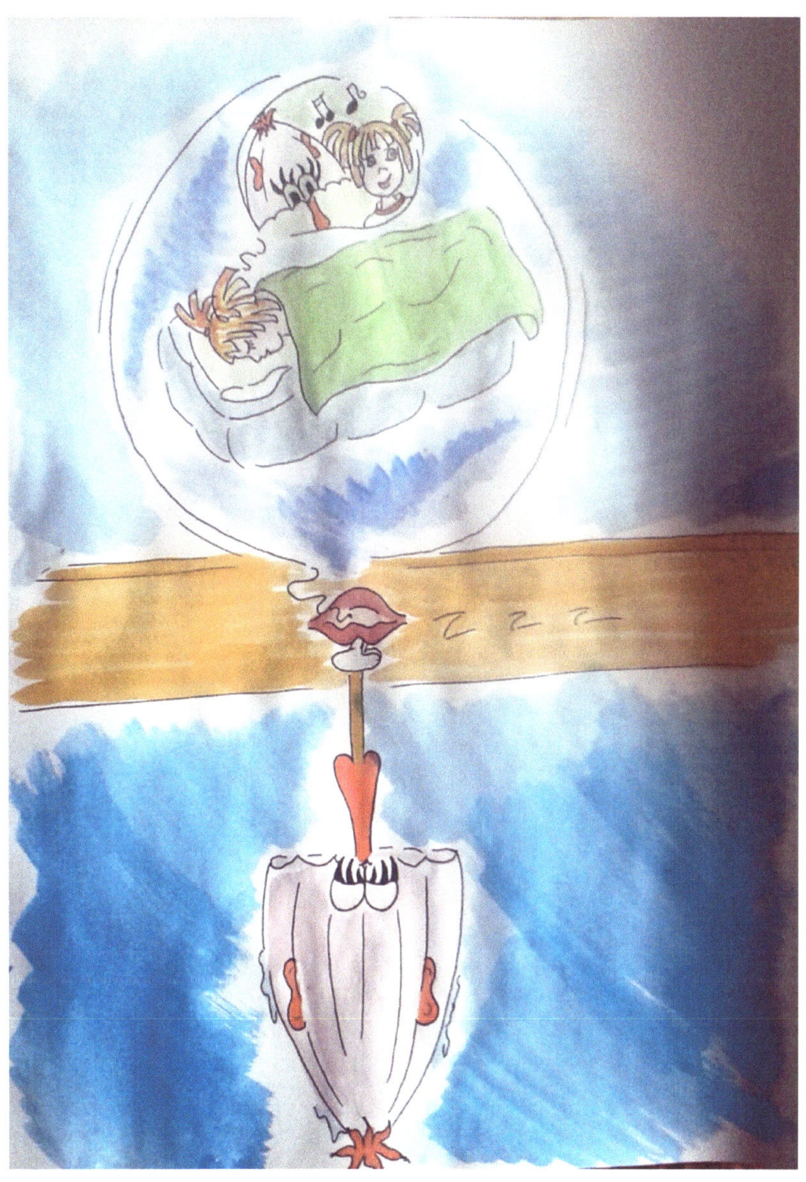

Je peine à ouvrir les yeux
mais il y a du bruit,
serait-il déjà l'heure
de retrouver mon amie ?
Je serai fixé bientôt,
quand la cloche tintera,
alors je saurai que je retrouverai ses bras

Un cliquetis de porte,
quelques pas dans le couloir,
la lumière jaillit et nous enlève du noir,
la maîtresse ouvre la porte,
à ses élèves dit au-revoir,
elle pense déjà à demain quand elle leur contera une histoire

A nouveau se vide le porte-manteau,
adieu blousons, gants,
moufles et chapeaux,
le silence a fait place aux rires des enfants,
joyeux à l'idée de retrouver leurs parents

Sophie me récupère, me voilà en sécurité,
en descendant les marches,
nous nous mettons à chanter,
elle aperçoit Maman,
impatiente et trempée,
sous une pluie battante,
en voiture il faut vite monter

Fredonnant à haute voix
notre chanson esquissée,
nous nous creusons la tête pour
vite la terminer,
le temps passe si vite quand
nous nous amusons,
en un couplet, un refrain,
nous sommes à la maison

Carole reste avec nous pour
prendre le goûter,
sa maman en retard,
plus tard viendra la chercher,
ce n'est pas pour déplaire
aux fillettes énervées,
impatientes de retourner
sous la pluie chanter

Quant à moi je savais que finie
n'était pas ma journée,
car Sophie ne m'avait pas replié
et dans le placard rangé,
patiemment j'attendais qu'elle
revienne me chercher,
il me tardait de retourner
m'amuser et chanter

Dans le jardin, allons nous promener,
sentir la pluie sur moi glisser,
me redonne de belles idées,
de jolies phrases à faire rimer

Par la main se tiennent les amies,
dans l'autre serrent leurs parapluies,
le rythme est dicté par la pluie
en chantant se finit l'après-midi

"Moi, j'aime la pluie,
car je suis de sortie,
avec mon amie Sophie,
on va voir ses amies,
Moi, j'aime le mauvais temps,
les branches craquent dans le vent,
et quand tombe la grêle,
Sophie me sert contre elle !

Moi, j'aime la pluie,
de mon placard je suis sorti,
passer du temps avec Sophie,
aller chanter avec ses amies,
Moi, j'aime le mauvais temps,
virevolter dans le vent,
quand tombent les flocons,
enjoués nous chantons !

Moi, j'aime la pluie,
sous les gouttes d'eau je vis,
entre les mains de Sophie,
sentir en moi jaillir l'envie,
Moi, j'aime le mauvais temps,
sauter dans les flaques sous le vent,
au rythme de ses pas,
sentir mon cœur qui bat !

Je ne suis pas qu'un parapluie,
je suis un fidèle ami,
chaque fois qu'elle a besoin de moi,
je suis présent, je suis là,
toujours prêt à la protéger,
et avec elle : chanter !

D'autres livres sont disponibles sur
HTTPS://DOUDOUEDITION.FR
**Boutique Officielle, Blog, Affiliation,
Critiques littéraires, Interviews…
Réseaux sociaux, Extraits Gratuits …**

- Loula, la luciole qui ne brille pas !
- Les Aventures de Loustik :
- Tome 1 : ma vie de chiot commence
- Tome 2 : grandir, jouer, apprendre
- Bientôt le Tome 3 et 4 seront publiés !
- Pitou et ses graines magiques !
- ….

Remerciements à mes proches … et à tous ceux qui me soutiennent !

Vos avis sont primordiaux pour moi alors n'hésitez pas à laisser un commentaire sur le site d'achat, le site officiel, le blog … merci d'avance !

Pluquin Stéphanie, Doudou Editions
Novembre 2017
Siret : 51378340700028

Bonne Lecture à tous !

ISBN 979-10-97-335-1-82
« loi n° 49-956 du 16 juillet 1949 sur les publications destinées à la jeunesse, modifiée par la loi n° 2011-525 du 17 mai 2011 »

Le Parapluie qui chante !

Initiation à la poésie pour les petits, à travers ce livre entièrement illustré racontant la petite histoire de Sophie et de son parapluie !

Le parapluie se sent bien seul dans son placard, mais quand la pluie tombe, il est le plus heureux, il peut enfin sortir et enchanter tout le monde de sa jolie voix !

Il accompagne son amie Sophie à l'école,
Il retrouve ainsi ses camarades de pluie,
Il peut chanter à tue tête et inviter les autres
A se joindre à lui en donnant de la voix !
« Moi, j'aime la pluie… »

Des strophes de vers pour écrire ce conte,
Des illustrations aquarelles à chaque page,
une chanson à apprendre à la fin de l'histoire,
ce livre fera le parfait doudou pour votre artiste en herbe !

Un conte tout en légèreté pour distraire les enfants !